ビジネス実務事例研究

菊地史子
浅野浩子　著
福永晶彦

学文社

はじめに

　日本型雇用制度の全面的見直しにともない，職場環境は大きく変わりつつあります。いまや新卒でも「即戦力」が求められてきました。新入社員はパソコンが使えて当然であり，どんなソフトをどのくらいのレベルまで使いこなせるのか面接試験で質問される時代です。しかも即戦力は知識や技能面にとどまらず，資質面においても自分のキャリアは自分で作る「自立型の意欲と実行力のある人」が企業の求める人材となってきました。

　この状況の変化に対応して，実務教育も理論と実践のバランスが重要となり，とりわけ企業側から，学生が自分で考え行動できるよう「実践的な教育」への強い要請があります。教育現場でも新たなる視点でビジネス実務教育を発展させなければなりません。従来のビジネス実務教育では，ややもすれば理論に傾きがちでありました。もちろん理論に裏付けられた実務教育でなければならないのですが，ビジネス経験のない学生がビジネス活動の目標やビジネス感覚を身につけるには，「具体的かつ実践的な事例」の研究もよりいっそう必要と思われます。

　そこで本書は，実践的なビジネスの基本能力開発を主眼にまとめてみました。前半を知識編，後半を実践編とし，前半は事例を研究するために必要と思われる知識を主軸に，後半は自分で考え，自分で調べ，自分の生活環境や地域のなかでビジネスの実務能力が育成できるよう工夫してあります。とくに実務能力の基本である「表現力」（コミュニケーション能力）を磨くため，各事例は，学生が苦手とする「話すこと」「書くこと」を多くとりあげ，ビジネスの現場で社会人にふさわしい意思疎通ができるよう編集しました。

　本書でビジネス環境の変化に対応する能力を高めていただければ，執筆者にとってこのうえない喜びです。

　終わりに，本書の編纂について，行き届いたご配慮をしてくださった学文社・編集部長稲葉由紀子さんに著者を代表して心からお礼を申し上げます。

　　2000年4月

福島学院短期大学教授
菊　地　史　子

目 次

PART I 知識編

1 企業とは ……………………………………………………………… 8
2 企業の種類 …………………………………………………………… 10
   2.1 企業の種類と定義　10　　2.2 株式会社　11
3 日本の経営の特色と歴史 …………………………………………… 12
4 経営戦略 ……………………………………………………………… 14
5 競争戦略 ……………………………………………………………… 16
6 マーケティング戦略 ………………………………………………… 18
7 コミュニケーション戦略 …………………………………………… 20
8 国際経営 ……………………………………………………………… 22
9 企業会計 ……………………………………………………………… 24
10 経営倫理 …………………………………………………………… 26

PART II 実践編

1 対人処理 ……………………………………………………………… 30
   1.1 会話表現　　　　　　30　　1.2 会話・話題　　　　　35
   1.3 電話会話表現　　　　36　　1.4 伝達・連絡　　　　　38
   1.5 伝達・報告　　　　　40　　1.6 会話・状況対応　　　42
   1.7 接遇・状況対応　　　44　　1.8 日常処理業務　　　　46
   1.9 スケジューリング　　48　　1.10 スケジュール調整　　50
   1.11 交際・接待　　　　　52　　1.12 パブリックスピーキング　54
   1.13 コミュニケーション　56　　1.14 仕事と人間関係　　　58

2 情報管理 ……………………………………………………………… 60
   2.1 ホスピタリィ・マインド　60　　2.2 交際・贈答　　　　　62
   2.3 ビジネス社会の視点　65　　2.4 他店見学　　　　　　66
   2.5 新聞記事の要約　　　68　　2.6 情報収集・新規取引先　70
   2.7 情報収集・社会活動　71　　2.8 文書作成の基本　　　72
   2.9 文書作成 ①　　　　　74　　2.10 文書作成 ②　　　　　80
   2.11 表・グラフの検討　　84

3 自己管理 ……………………………………………………………… 86
   3.1 自分発見　　　　　　86　　3.2 労働環境　　　　　　88
   3.3 新聞求人情報　　　　89　　3.4 企業家精神　　　　　90
   3.5 キャリアプラン　　　92　　3.6 ライフデザイン　　　94

執筆分担一覧

福永晶彦

PART I
1 企業とは
2 企業の種類
3 日本の経営の特色と歴史
4 経営戦略
5 競争戦略
6 マーケティング戦略
7 コミュニケーション戦略
8 国際経営
9 企業会計
10 経営倫理

浅野浩子

PART II
1 対人処理
  1.1 会話表現/1.2 会話・話題/1.3 電話会話表現/1.5 伝達・報告/1.7 接遇・状況対応
  1.8 日常処理業務/1.9 スケジューリング/1.10 スケジュール調整
2 情報管理
  2.5 新聞記事の要約/2.6 情報収集・新規取引先/2.7 情報収集・社会活動/2.9 文書作成①
  2.10 文書作成②
3 自己管理
  3.2 労働環境/3.3 新聞求人情報/3.6 ライフデザイン

菊地史子

PART II
1 対人処理
  1.4 伝達・連絡/1.6 会話・状況対応/1.11 交際・接待/1.12 パブリックスピーキング
  1.13 コミュニケーション/1.14 仕事と人間関係
2 情報管理
  2.1 ホスピタリティ・マインド/2.2 交際・贈答/2.3 ビジネス社会の視点/2.4 他店見学
  2.8 文書作成の基本/2.11 表・グラフの検討
3 自己管理
  3.1 自分発見/3.4 企業家精神/3.5 キャリアプラン

PART I 知 識 編

1 企業とは

あなたは「企業」ということばを聞いて何を連想しますか。思い浮んだことばを名詞,動詞,形容詞など何でも書きなさい。また,それをもとに「企業」というものを自分なりに定義しなさい。

(1) 「企業」ということばを聞いて思いつくことばを書きなさい。

----

(2) 自分が考える「企業」の定義を述べなさい。

企業とは

企業はその人の考え方によりさまざまな定義ができるが，一般的には企業は複数の人間が営利目的のために協力して組織的に業務をおこなっているものと考えられる。経営学者や組織論の研究者は複数の人間が協力している状態を協働と呼んでおり，協働を組織の本質と考えている。そして組織の定義は「協働のために意図的に調整された複数の人間からなる行為のシステムである」（伊丹敬之・加護野忠男『ゼミナール経営学入門』日本経済新聞社　1989　194ページ）と定義している。

企業のなかでの役割分担には階層化と部門化の二つがある。階層化は，社長—中間管理職—一般社員といった上下の指揮・命令系統での分担である。部門化は組織が拡大したときにその会社の事業をおこなっている場所別（東京支社，大阪支社）や，作っている製品別（家電メーカーならテレビ製造部，冷蔵庫製造部など）に組織を分化することである（唐﨑斉『図説によるオフィス・マネジメント—企業経営の情報化と人間性重視のオフィス革新—』ミネルヴァ書房　1995　16ページ）。

ところで週刊誌やテレビドラマなどで，企業や組織を取り上げるとき，必ず決まったようなイメージでそこに働く人びとを描写している。それは，われわれがそのようなイメージをもっているためであろう。このようなイメージは業種の性格によって形成されるものであるが，現実には同じ業種であっても社内の雰囲気が異なる場合が多い。その原因の一つとなっているのが組織文化というものの存在である。組織文化は「組織のメンバーが共有するものの考え方・感じ方」とすると理解できる（伊丹・加護野　前掲書　305ページ）。

(3)　あなたの住んでいる地域の企業で業界は同じでも雰囲気が異なる例をあげなさい。

企業名＿＿＿＿＿＿＿＿＿＿＿＿＿＿＿＿＿＿業界＿＿＿＿＿＿＿＿＿＿

異なる点＿＿＿＿＿＿＿＿＿＿＿＿＿＿＿＿＿＿＿＿＿＿＿＿＿＿＿＿＿＿

＿＿＿＿＿＿＿＿＿＿＿＿＿＿＿＿＿＿＿＿＿＿＿＿＿＿＿＿＿＿＿＿＿＿

＿＿＿＿＿＿＿＿＿＿＿＿＿＿＿＿＿＿＿＿＿＿＿＿＿＿＿＿＿＿＿＿＿＿

(4)　どの組織にとっても共通して望ましい組織文化はあるかグループ討議しなさい。

2 企業の種類

2.1 企業の種類と定義

　企業を法律的に大別すると個人企業と法人企業に分けられる。個人企業は単独もしくは少数の個人で出資し，原則的に法律上の手続きを経ないで設立された企業である。これに対し，法人企業は法律で権利・義務が定められている企業でその代表例は「会社」である。現在，日本には五種類の会社が存在している。それらは，株式会社，有限会社，合資会社，合名会社，相互会社（相互会社は生命保険会社のみ）である（唐﨑　前掲書　4ページ）。

(1) 株式会社，有限会社，合資会社，合名会社のおのおのの定義とその違いを調べなさい。

　　1)　株式会社

　　2)　有限会社

　　3)　合資会社

　　4)　合名会社

2.2 株式会社

現在，もっとも大企業において一般的な会社制度は株式会社制度である。その特徴は，「①全出資者の有限責任，②持ち分の証券化と譲渡可能性，③会社機関の設立」（伊丹・加護野　前掲書　168ページ）である。第一の特徴は全ての自己資本出資者（株主）は出資額を限度として企業の負債に対し責任を負うということである。第二の特徴は，出資をしたら株券が発行され，それを市場で第三者に譲渡できることを示している。第三の特徴は，会社の経営や経営者を監視する機関があるということである。経営者は被雇用者で必ずしも株主である必要はない。そのため，経営者を監視する機関として取締役会がある。その構成員の取締役は株主総会で選出される。このほかに株主やその他の利害関係者に対し経営の状態を公表する会計制度や，それが適切であるかどうか監査する監査制度がある。また，会社には任意の機関として常務会や経営会議というような機関が存在する場合もある。

(1) 株主総会，取締役会，取締役に関して日本ではどのような決りがあるのかを調べなさい。

    1) 株主総会

    2) 取締役会

    3) 取締役

3 日本の経営の特色と歴史

　企業の経営のしくみは業種や規模によって違う。しかし，同じ国の企業にはある程度共通点もある。一方，その共通点は国によって異なる場合が多く，世界各国にはその国独自の企業経営の特色がある。日本の企業経営の特色のことを「日本的経営」もしくは「日本型経営」と呼んでいる。わが国の今日の企業経営のしくみは戦後の経済改革によって形成され始めた。一部はその当時から今日まで続いているものもあるが，多くは高度成長の時代に出来上ってきたといわれている。では，ここで簡単に戦後の日本の経営史を考察しよう。終戦後，わが国は連合国軍総司令部（GHQ）により支配され，そのもとで多くの「改革」がおこなわれたが，企業に影響した改革の一つに財閥解体があげられる。財閥解体は今日みられる企業集団を形成する契機となった。

(1) 財閥解体とはどういう意味があるのか調べなさい。

(2) 企業集団の例をあげて説明しなさい。

(3) 高度成長はいつから始まったのか調べなさい。

また，日本の企業社会には解雇をできるだけ避け，企業の業績が悪化したとしても極力解雇という手段を避けようとする傾向がある。これを一般的には「終身雇用」と呼んでいる。「終身雇用」の起源は戦後労働組合の組織化が奨励され，各地に労働組合が多く形成されたことから始まる。当時は経済状態が不安定で企業は解雇を頻繁におこなっており，それが原因で労使紛争が多発した。そのような紛争は多くは労働組合側の敗北に終わったが，企業にとっても大きな痛手となった。そこで，高度成長期の間に徐々に「終身雇用」の仕組みができ上がったのである（橋本寿朗他『現代日本経済』有斐閣　1998　68〜69ページ）。

(4) 労働組合の意味と役割を調べなさい。

(5) 日本の企業経営の特色としてはこれまでにあげたもの以外に，どのようなものがあるのか調べなさい。

4 経営戦略

　企業の活動を決定する行為を「経営戦略」という。そしてその決定の仕方を戦略的意思決定と呼び，三つの段階から成立している。それは，

　第一段階：「どんな姿になりたいか」

　第二段階：「そのためには，何をなすべきか」

　第三段階：「どのように，そのなすべきことを実行するか」（奥村昭博『経営戦略』日本経済新聞社　1989　71ページ）

の三つの段階である。第一段階は夢，ビジョン，あるいは目標をつくる段階である。第二段階では夢やビジョンを達成するために何をすべきか決定する。しかし，やるべきことと現実の姿にはギャップがあり，第三段階でそれを埋める行為を決定する。これを図に示すと以下のようになる。

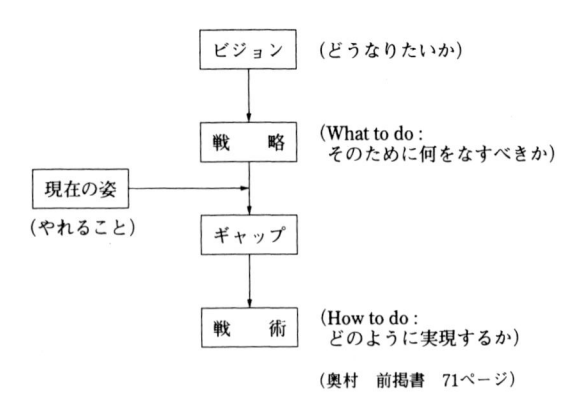

```
                    ┌─────────┐
                    │ ビジョン │ （どうなりたいか）
                    └────┬────┘
                         ↓
                    ┌─────────┐
                    │ 戦　略  │ （What to do：
                    └────┬────┘    そのために何をなすべきか）
   ┌─────────┐          ↓
   │ 現在の姿 │────→┌─────────┐
   └─────────┘     │ ギャップ │
   （やれること）   └────┬────┘
                         ↓
                    ┌─────────┐
                    │ 戦　術  │ （How to do：
                    └─────────┘    どのように実現するか）
```

　　　　　　　　　　　　　　　　　　　　（奥村　前掲書　71ページ）

戦略的意思決定

(1) 戦略的意思決定の考え方は企業のみでなく，われわれの日常生活や人生における意思決定にも応用できると思われる（例：進学，就職）。そこであなたがこれまでにおこなってきた決断や，これからしてみたいと思っていることに関する決断を，戦略的意思決定の図に当てはめて図示しなさい。

  私の戦略的意思決定（　　　　　　　　　　　　　　）について

    ビジョン _____

    現在の姿 _____

    戦　　略 _____

    戦　　術 _____

(2) あなたの興味・関心のある企業の戦略の事例を調べ，その企業の戦略的意思決定を先の図に当てはめなさい。

  企業名 _____ の戦略的意思決定について

    ビジョン _____

    現在の姿 _____

    戦　　略 _____

    戦　　術 _____

5 競争戦略

　数少ない例外を除いて，ある業種のなかには複数の企業があり，競争をしている。競争のなかでうまく勝ち抜いていく指針のことを「競争戦略」と呼んでいる。競争戦略の本質は「ある産業ないし業種において，どのように『ちがい』を作り出し，それを継続させていくのか」（東北大学経営学グループ『ケースに学ぶ経営学』有斐閣　1998　95ページ）であり，その違いを作り出す方法は一つとは限らなく，大きく分けると三つに分かれる。それらは「他社よりも低いコストに競争優位の源泉を求め，業界内広範なセグメント（市場分野）で競争する戦略」（同上　105ページ）＝コスト・リーダーシップ戦略，「業界内の買い手が重要だと認める特性をひとつまたはそれ以上選び出し，このニーズを業界の広範なセグメントにおいて満たそうとする」（同上　106ページ）＝差別化戦略，「業界内の狭いターゲットを競争場面に選ぶ」（同上　106ページ）＝集中戦略の三つの戦略である。

(1)　あなたの住んでいる地域の産業を取り上げて，そのなかの主要な企業が上の三つのうち，どの戦略を採っているか研究しなさい。

　　産業（　　　　　　　　　　　）

主要企業　--
コスト・リーダーシップ戦略

差別化戦略

集中戦略

このように，多くの産業においては複数の企業が生き残るために「ちがい」を作り出そうとして熾烈な競争を展開している。しかし，一方で「ライバルは最大の友人である」（佐々木利廣「ライバルは最大の友人である」『宝島―経営学入門―』373号　1998　192ページ）という状況がビジネスの世界ではありうるともいわれている。なぜなら，企業と企業は市場を奪い合うだけではなく，市場を創造し，大きくする役割があるからである。その例としてはアメリカの航空会社であるアメリカン航空とデルタ航空の例がある。両社は航空会社として旅客の奪い合いや空港の使用権をめぐって競争しているが，同時に共同で新型旅客機の開発をおこなっている。

このように「ライバルは最大の友人である」という状況の例としては，比較的狭い地域に同業者が密集している地域で目にすることがある。たとえば横浜中華街や神戸南京町の中華料理店街などで，これを経済・経営学の専門用語で集積と呼んでいる。

(2)　狭い地域に同業者が集積している利点を事例をもとに考察しなさい。

事　　例

集積の利点を箇条書きに記入する

6 マーケティング戦略

　マーケティング戦略とは企業が需要を開拓し，拡大する目的のための戦略である（和田充夫『マーケティング戦略』有斐閣　1996　7ページ）。そして，それには基本的に製品，価格，広告・販売促進，チャネル（流通経路）の要素から成り立っており，それらの要素をバランスよく適合させる必要がある。たとえば，広告の例をとると，子ども向けテレビ番組の前後には子ども向け製品のコマーシャルが流れ，主婦対象の番組では主婦が対象の製品のコマーシャルが流れる。そして，たとえば，深夜に子ども向け製品のコマーシャルを流したとしても効果は少ないと考えられる。企業はこのようなことを総合的に考慮しながらマーケティング戦略を展開しているのである。

(1) あなたが今，興味をもっている製品やサービスについて，それを提供している企業はどのようなマーケティング戦略をとっているのか，製品，価格，広告・販売促進，チャネルの四側面を考慮しながら考察しなさい。

企業名＿＿＿＿＿＿＿＿＿＿＿＿＿＿＿＿＿＿＿＿＿＿

製　品

価　格

広告・販売促進

チャネル

マーケティングが誕生し，その重要性が認識されたのは20世紀初頭のアメリカであるといわれているが，そのことを象徴する出来事が1920年代の自動車業界で発生した。自動車の大量生産と大衆化を果たしたのはヘンリー・フォードとフォード社であることはよく知られている。フォードの大衆車Ｔ型フォードは1908年に発売されて以来，18年間にわたり販売し続けられた。しかし，1920年代に入ると自動車の買い替えが見られるようになった。そして，そのような時代に販売を伸ばしたのはフォードではなく，GMという自動車会社であった。1923年に社長となったアルフレッド・スローンは，消費者の「財布の大きさ」に応じたさまざまな種類の自動車を販売することにした。もっとも安いシボレーという車種もＴ型フォードと比較して豪華な設備を搭載した。また，モデルチェンジを定期的におこなうことも始めた。このようなGMの自動車はＴ型フォードに飽きた人びとに受け入れられ，1930年以降GMは全米一の自動車販売数を誇るようになったのである。これに対し，Ｔ型フォードは1927年に販売中止となった。このGMの成功の裏には，GMが需要の動向を的確に把握したマーケティング機能の重視によるものであるといわれている（これに対し，フォードは市場調査を重視しなかったという）（下川浩一『世界自動車産業の攻防』講談社　1992　77～101ページ）。

(2)　今日の自動車会社のマーケティング戦略はいかなるものか具体例で説明しなさい。

　　自動車会社の例：トヨタ，日産，本田，スズキ，三菱，マツダ，ダイハツ，富士重工業，いすゞ

7 コミュニケーション戦略

　企業が何か新製品を作った場合，それを買い手に知らせる必要がある。その方法には広告，人的販売，包装などさまざまな方法が考えられる。そのなかで，あなたにもっとも身近なものは広告ではないだろうか。広告にはマスコミに掲載されるものだけではなく，新聞の折り込み，電車の車内広告，ダイレクトメールなどさまざまな種類があり，それぞれ長所・短所がある。

(1)　以下にあげる広告の長所と短所を考えなさい。

1)　TVコマーシャル

　　長　所 _____

　　　　　 _____

　　短　所 _____

　　　　　 _____

2)　雑誌広告

　　長　所 _____

　　　　　 _____

　　短　所 _____

　　　　　 _____

3)　ダイレクトメール

　　長　所 _____

　　　　　 _____

　　短　所 _____

　　　　　 _____

4)　インターネット広告

　　長　所 _____

　　　　　 _____

短　所 _____

_____

　広告は大別すると製品広告と制度広告に分けられる。製品広告とはある企業が作っている特定のブランドについての広告であり，制度広告とは企業主自身について広告しているものなどである（和田　前掲書　227ページ）。また，この両方を兼ねているものも多い。

(2) あなたの手元にある新聞，雑誌の広告が製品広告なのか制度広告なのか，それともその両方の要素をもっているのか分析しなさい。

製品広告の例

_____

_____

制度広告の例

_____

_____

両方を含む事例

_____

_____

(3) 広告のなかには製品広告であるにもかかわらず，その製品の直接的なメリットをみせていない広告（たとえばイメージ広告）がよくみられる。そのような広告をみつけ出し，どのような効果をもっているのか考えなさい。

会社名 _____ 製品 _____ の広告

その意義

_____

_____

8 国際経営

現在，企業の多くは国境を越えて経営活動をしている。その活動は日本から外国へ出ていく活動と外国から日本に入る活動に大別できる（吉原英樹『国際経営』有斐閣 1997 1～16ページ）。日本から海外へ出ていく活動としては輸出，海外工場での生産，海外企業への技術輸出があげられ，海外から日本へ入ってくる活動には輸入，海外企業からの技術導入，日本企業と海外企業との共同企業（これを合弁事業と呼ぶ）などがあげられる。また，海外に子会社や合弁会社をもっている企業のことを多国籍企業と呼んでいる。

(1) 日本の多国籍企業の例とその進出している地域の特色を調べなさい。

多国籍企業の例 _____

_____

地域の特色

_____

_____

_____

日本の企業の国際経営の特色の一つは，戦前から戦後にかけての総合商社の役割が目立っていることである。総合商社の特色としては大規模性，取引の多様性，機能の多様性，近代性，日本経済に根ざしていることなどが指摘されている。日本の商社に似た機能を有する企業はイギリスにもあるが，それらは植民地商社と呼ばれるようにイギリス経済との結びつきは弱いという（同上 81～82ページ）。

(2) 各種の企業年鑑などで総合商社と呼ばれる企業には，どのようなものがあるのか調べなさい。

_____

_____

_____

戦後，日本の製造業企業は輸出を多くおこなっていたが，その主要な市場の一つである東南アジア諸国において1960年代に自国の工業を発展させるために輸入の制限をおこなった。それに対応するために日本の企業はそれらの国において現地生産を開始した。1970年代に入ると生産をおこなっている国から別の国に輸出をおこなうための生産が目立つようになった。また，このころからアメリカにおいても現地生産が盛んになったという（吉原前掲書　101～137ページ）。

(3) なぜ，1970年代からアメリカにおいて日本企業の現地生産が盛んになったのか調べなさい。

海外に子会社や合弁会社，工場を設立する場合，日本での企業活動のやり方で海外でも通用するものもあるが，国内とは異なる経営の方法が求められる場合もある。したがって各企業ともそのバランスをとることに腐心している。

(4) 海外進出した企業がいかなる経営のやり方をしているのか調べなさい。また，どのような問題が発生し，それをどのように解決したのかも調べなさい。

海外進出した企業の例
経営の方法

発生した問題

その解決

------

9 企業会計

　企業は会計という行為で，自分がおこなっている経済活動の記録をつけている。そして，それは大きく分けて二つの目的に使用される。一つは，企業への出資者（株式会社なら株主），債権者（金銭を貸している銀行など），国・地方自治体（税務署など）に企業の状態を報告するためのもので，これを財務会計と呼んでいる。もう一つは企業内部の人びとが経営の状態を把握し，経営戦略に反映させる目的でおこなう管理会計である（新井清光・津曲直躬『会計学を学ぶ』有斐閣　1982　3～6ページ）。ここでは主に財務会計について考察する。

　財務会計は企業の部外者に企業の状態を報告するものであるから，さまざまな法律が決められている。

(1)　企業会計に関する法的な決まりにはどのようなものがあるか調べなさい。

　企業が果たして正しい会計状態を報告しているかどうか調査をおこなうことを監査といい，大企業の場合は社内にいる監査役以外に会計監査人（公認会計士，監査法人）の監査を受けなければならないと決められている。

会計状態を外部に報告する書類は財務諸表と呼ばれ，上場会社であれば有価証券報告書という報告書が公開されている。財務諸表のなかで主要なものは損益計算書と貸借対照表と呼ばれるものである。損益計算書は「企業の経営成績を明らかにするため，一会計期間に属するすべての収益とこれに対応するすべての費用を記載して経常利益を表示し，これに特別損益に属する項目を加減して当期純利益を表示した表」（新井・津曲　前掲書　56ページ）であり，貸借対照表とは「一定時点における企業の財政状態の一覧表であり，そこでは資金の調達源泉と資金の使途が示され」（同上　62ページ）るものであるという。

(2)　あなたが関心のある企業が公開している有価証券報告書を調べ，そこにどのような記載がなされているか調べなさい。

　　関心のある企業
　　有価証券報告書に記載されていた事柄

10　経営倫理

　企業は国家・社会の一員である以上，当然のことながら，そこにあるさまざまなルールや慣習を順守する必要がある。しかし，さまざまな国で不正行為がおこなわれ，問題となるケースも多々発生している。また，企業（個人でも当然であるが）は単にルールを順守していれば何をしてもよいというものではなく，国家・社会に対し望ましいと思われる行為を積極的に（ときには自己犠牲を払ってまでも）おこなうべきである。そして，それらのことをおこなうために企業はさまざまな方策をとってきた。たとえば，多くの企業には社訓や社是というものがあり，国家・社会に対し積極的に貢献することを宣言している。

　(1)　有名企業の社是，社訓にどのようなものがあるのか調べなさい。

　また，これを補強・徹底する意味で企業倫理規範というものを制定し，社員の行動規範とすることや倫理教育の徹底をおこなうことが求められている（中野千秋「『会社のため』が会社を滅ぼす！」『宝島―経営学入門―』373号　宝島社　1998　51～58ページ）。

　企業で発生する不正行為の多くは常習的な犯罪者ではなく，ごく普通の人間が実行している場合が多いという。そこで，そのことを考えるためにある有名な実験を紹介する。
　アメリカの心理学者スタンレー・ミルグラムはナチス政権下でユダヤ人の大量虐殺がおこなわれた強制収容所の責任者であったアイヒマンが極悪非道の人物ではなく，机の前で忠実に職務をおこなっていたに過ぎない平凡な人間であることに注目し，アイヒマン実験と呼ばれる実験を普通のアメリカ人におこなった。それはまず，実験に参加する人に，この実験では問題に失敗する度に生徒役の人間に電気ショックを与え，失敗を重ねる度にショックを上げていく実験であると説明する。そして電気ショックを与える役に参加者を任命する。生徒役の人間は実はあらかじめ演技をするように仕込まれており，実際は電気ショックを受けていないが，失敗する度にさも電気ショックを受けているように苦しむ演技をする。そして，実験に参加する人間がいつ実験の主催者に反抗するかということを調べたのである。そして，驚くべき結果が得られた。それは，生徒役の人間がいかに苦しもうと，多くの参加者は実験を続行したのである（ミルグラム，スタンレー／岸田秀『服従の心理』河出書房新社　1995，桜井哲夫『「自己責任」とは何か』講談社　1998　116～118ページ）。

(2) なぜ，多くの人は生徒役が演技であることを知らないのに，苦しんでいる生徒役を尻目に実験を続けたのかあなたの意見を述べなさい。

　近代の組織の特徴として，何か決定し実行する場合，決定する人間と実行する人間の間には距離があり，心理的に責任を無視しやすい傾向があると考えられる。また，近代社会の特徴として，仲間はずれになりたくないと感じる人間が多くなり，仲間集団が恐るべき圧力をかける場合がある（桜井　前掲書　119ページ）。これらの要因が重なり合い，とてつもない犯罪行為が引き起こされる可能性がある。無論，強制収容所の例は極端だが，これと同じ構図はわたしたちの周りでもみられるし，企業が引き起こしたといわれる犯罪行為や反社会的行為にはこれと同じ構図がみられるという。

PART I　参考文献

伊丹敬之・加護野忠男『ゼミナール経営学入門』日本経済新聞社　1989

唐﨑斉『図説によるオフィス・マネジメント─企業経営の情報化と人間性重視のオフィス革新─』ミネルヴァ書房　1995

橋本寿朗他『現代日本経済』有斐閣　1998

奥村昭博『経営戦略』日本経済新聞社　1989

東北大学経営学グループ『ケースに学ぶ経営学』有斐閣　1998

佐々木利廣「ライバルは最大の友人である」『宝島─経営学入門─』373号　宝島社　1998

和田充夫他『マーケティング戦略』有斐閣　1996

下川浩一『世界自動車産業の攻防』講談社　1992

吉原英樹『国際経営』有斐閣　1997

新井清光・津曲直躬『会計学を学ぶ』有斐閣　1982

中野千秋「『会社のため』が会社を滅ぼす！」『宝島─経営学入門─』373号　宝島社　1998

ミルグラム，スタンレー／岸田秀訳『服従の心理』河出書房新社　1995

桜井哲夫『「自己責任」とは何か』講談社　1998

PART II 実 践 編

1 対人処理

1.1 会話表現

井上亜矢子は今年4月入社し，新人研修を終了後，人事課配属となった。しばらくの間は自分の仕事を覚えることで必死であったが，最近やっと周囲に気を配る余裕がでてきたような気がしている。そんなある日，部長から課長への伝言を依頼された。

井上は「部長が課長にお話があるそうですので，来ていただきたいと申しております」と課長に伝えた。すると課長は「井上さん，そのことばづかいはまずいよ」と言い残して席を立った。

新人研修で一応の接遇用語は修得したはずであったが，再度井上は敬語表現も含めて復習することとした。

正しい敬語表現にしなさい。

(1) お客様，受付で伺ってください

---

(2) 何時頃に参られますか

---

(3) 私が後でします

---

(4) 部長，昨日の件聞いていますか

---

(5) 先ほど井上様（客）がおっしゃられたとおりにお伝えしておきました

---

(6) 部長，三島様がおみえになられました

---

(7) 加藤様（客），課長は外出されております

---

(8) こちらのお荷物でいらっしゃいますね

---

(9)　履歴書をご持参しましたか

---

(10)　山本課長が，そちらに伺うと言っております

---

(11)　どうぞここにすわってください

---

(12)　コーヒーにいたしますか

---

(13)　どうぞ，お菓子もいただいてください

---

(14)　お酒はお飲みになられますか

---

(15)　こちらにおられましたか

---

(16)　書類は昨日もらいました

---

(17)　先日お送りした書類，拝見してくださったでしょうか

---

(18)　こちら，おさげになってもよろしいですか

---

(19)　明日，お目にかかっていただけませんか

---

(20)　鈴木さん，今日もステキなスーツを着ていますね

正しい表現にしなさい。

(1) 係長，私もご一緒します

---

(2) 課長，私が新製品の扱い方をお教えします

---

(3) 部長のお話しには感心しました

---

(4) 風邪をひきましたから，今日は休ませていただきます

---

(5) 社長，お時間ですのでお出かけください

---

(6) 課長はすでに承っておられることと思いますが

---

(7) 部長，それで結構でしょうか

---

(8) 課長，私の説明わかりましたか

---

(9) 私にはわかりませんから，主任に聞いてきます

---

(10) わざわざお越しいただくなんて，とんでもございません

1　対人処理　ケース1　33

適切な接遇用語にしなさい。

(1)　誰ですか

(2)　誰を呼びますか

(3)　何の用ですか

(4)　ちょっと待ってください

(5)　いま部長はいません

(6)　担当者がすぐ来ます

(7)　聞いています

(8)　佐藤さん（客）ですね

(9)　そうです

(10)　わかりました

(11)　名前は何と読むんですか

(12)　約束してるんでしょうか

(13)　ありません

(14)　すみません

(15)　どうですか

(16)　いつもどうも

(17)　うちの会社

(18)　いいですか

(19)　知りません

(20)　してもらえませんか

(21)　できません

(22)　お帰りください

(23)　やめてください

(24)　ご苦労様です

(25)　適当だと思いますが

つぎの言い方について状況を把握し，ビジネスの場にふさわしい表現に直しなさい。

(1) お客様，ここに住所とお名前を書いてください。

---

(2) お客様，あと10分ほどお待ちください。

---

(3) お客様，傘を忘れましたよ。

---

(4) お客様，お支払いいただけないのなら，お渡しできません。

---

(5) 彼は責任感は強いが，おしゃべりで困るよ。

---

(6) 加藤さん，この部屋は17時までしか使用できません。

---

(7) 部長，申し訳ありませんが，私にはその仕事は経験がないのでできません。

---

(8) 私は担当者ではありませんのでわかりません。

---

(9) 課長は10時まで打ち合わせ中ですので，会えません。

---

(10) お客様，出来上がるまでには10日もかかりますがかまいませんか。

1.2 会話・話題

あなたは昨日，業界団体のパーティにはじめて上司と一緒に出席した。そのパーティであなたは積極的に交際関係を広げるつもりでいたが，初対面の人との話のきっかけがなかなかつかめず，不本意なものとなってしまった。

では，初対面の相手との話題としてはどのようなものが良いと思うか，またふさわしくない話題にはどのようなものがあるか，考えなさい。

(1)

(2)

(3)

(4)

(5)

(6)

(7)

(8)

(9)

(10)

1.3 電話会話表現

つぎのような状況下における適切な電話応対の表現を考えなさい。

(1) 部長に取引先から電話が入ったが，部長は外出中である。帰り次第電話すると返答したら，相手もこれから出かけるので，また掛け直すという。そこで，またすれ違いにならないよう，それならば3時に電話してほしいと言う。

----

(2) 相手の声が小さいのと，周囲の雑音で，用件が聞き取れない。

----

(3) 部長に取引先の常務に電話して，取り次いでほしいと言われた。

----

(4) 部長に取引先から電話が入ったが，部長は先ほどから長電話中で終わりそうもない。

----

(5) 今月の支払いの確認の件で電話が入った。電話を受けた佐藤は総務課所属である。相手はダイヤルインの電話番号を間違えたようである。

----

(6) 「鈴木さんお願いします」と言われたが，鈴木は庶務課と企画課に二人いる。

----

(7) 用件がかなり込み入っているのに，相手は何気なく聞いている様子である。そこで，相手に復唱，確認してほしいと伝える。

----

(8) 間違い電話がかかってきた。当社はアイエム商事である。

----

(9)　部長は取引先を訪問中である。緊急の用件ができ，取引先に電話して，至急部長に連絡をとることになった。

------

(10)　新製品の内容のことで電話が入った。そこで，詳しい担当者に替わると相手に伝える。

------

(11)　人事課に外線電話を回そうとしたら，こちらの手違いで切れてしまった。

------

(12)　現在2時半少し前である。取引先から「今日2時に営業課長の佐々木さんが来る予定になっているのにまだ来ない」との電話が入った。佐々木課長は在席している。約束を忘れたのかもしれない。

------

(13)　部長の自宅の住所を教えてほしい，との電話が入った。当社では，直接本人から聞き出す場合は例外として，教えないことにしている。

------

(14)　込み入った用件で相手に電話をしなければならなくなった。終了時刻間際の時間なのでおそらく相手は忙しいであろうと思われる。

------

(15)　電話中に他の外線電話が入った。今，部屋にはあいにくあなたしかいない。

1.4 伝達・連絡

　ビジネス社会では，業務をスムースに遂行するために指示・命令を受けたら必ず報告をし，タイミングよく連絡をとらなければならない。つぎの場合，どのように伝達し連絡をとるか，そのことばを述べなさい。

(1) あなたの上司（田中部長）は，現在取引先（山本物産株式会社）へ出向いて商談中である。緊急事態発生で上司に連絡をしなければならなくなった（上司は携帯電話を持っていない）。あなたは直ちに取引先へ電話をして，部長に会社へ電話を入れるよう伝えてほしい，と先方の面談者に頼む。
　　この場合，どのように伝達し連絡するか。

----

(2) あなたが得意先へ向かっているとき，車の接触事故があったようで道路が渋滞しだした。余裕をみて会社を出たのだが，このぶんだと20分ぐらい遅刻しそうである。
　　得意先へどのような連絡を入れるか。

----

(3) 部長宛にきた社外の月例会議開催通知に、すでに出席の返事を出してあった。ところが、当日急用のため部長は欠席し、佐藤課長が代理として出席することになった。世話役の鈴木商事へ電話をして、事情を説明し、部長の代わりにお詫びをしなさい。

(4) 資料を整理し、来週の水曜日までに上司に報告するよう指示されていたが、集計途中でどうやら悪い結果（データ）が出そうな気配である。しかもこのペースで仕事を進めても、期日までには間に合いそうもない。
　この場合、上司にどのような中間報告をすればよいか。

(5) 10時までに仕上げるよう指示されていた文書を作成中に、10時から第一会議室で臨時役員会を開くことになったので、会場設営をしてほしいと上司から命令された。
　この場合、どのように対応すればよいか（現在9時45分）。

1.5 伝達・報告

　石田由子の上司である課長の村田隆一は火曜日，水曜日と一泊二日の出張から昨夜帰り，今朝出社した。そこで石田は，早速留守中の報告を下記のようにおこなった。

「課長，出張お疲れ様でした。お留守中のご報告をさせていただいてもよろしいでしょうか。」
「うん。わかった。」
「火曜日，課長が出張にお出かけになってまもなく，武田商会の佐々木様からお電話がありました。課長は出張中だと申しますと，この間の課長へのご依頼の件だということでした。その件は確か課長が簡単なことなので，引き受けてもよさそうなことをおっしゃっていましたよね。先様は急いで返事が欲しい様子でしたので，私がお引き受けいたしたいとお返事をいたしておきました。」
「え，引き受けちゃったの？」
「はい，いけませんでしたか？　この間は，大切な取引先だし仕方ないなとおっしゃっていましたので，てっきり……」
「そうか，わかった。もういいよ，あとは？」
「経理課の課長が，予算のことで打ち合わせをしたいので，なるべく早く都合のよい日時を知らせていただきたいとのことです。あと，火曜日夕方，イイダの上野様からお電話があり，見積書の件，先日打ち合わせた日程より早くいただけないかとのことでした。本日中に，こちらからお電話を差し上げることになっています。」
「見積書はできあがっているかなあ？」
「さあ？　私は申しつかっておりませんでしたので」
「また，水曜日の午前中，HMSの工藤様が，先日のパーティ出席のお礼におみえになりました。それから，昨日，学生時代の同級生とおっしゃる山田様が，札幌から久しぶりで来ましたので，とお訪ねになりました。出張中だと申し上げますと，これ（みやげの菓子折り）をお渡しくださいとおっしゃってお引き取りになりました。」
「いつまでこちらにいるとか，何か話してた？」
「いえ，別にこれといっては……」
「そう，わかった。あとで皆に分けてやりなさい」と課長は石田が渡そうとした菓子折を受け取ろうともしなかった。

以上の事例における問題点を指摘し，また，この事例における報告の仕方を検討しなさい。

○問題点

○報　告

1.6　会話・状況対応

あなたは，大学祭の広報担当責任者に選ばれました。そこで，つぎの場合にあなたはどのような言い方をするか，そのことばを述べなさい。

(1) 大学祭のプログラムに広告を載せてもらいたいので，先方の会社に電話をし，どの部署の人に話をすればよいのかをたずねる場合

------

(2) 先方の会社の担当者に，電話を取り次いでもらい，アポイントメント（訪問の予約）をとる場合

------

(3) 当日，会社の担当者と対面した場合

------

(4) 広告掲載の承諾がとれて，会社の担当者と別れる場合

------

(5) 大学祭のポスターを貼らせてもらえないだろうか，と大学の近所の家へ頼みに行く場合

------

(6) 地元の雑誌や新聞の「お知らせ欄」などに,大学祭開催の記事を無料で掲載してもらえないだろうかと交渉する場合

(7) 大学祭の当日,地元のラジオやテレビ局に取材してほしいとお願いする場合

(8) 先輩の会社を訪問して,大学祭のバザーに使いたいので先輩の会社の製品を無料で提供してもらえないだろうかと頼む場合

(9) 大学祭の当日,大物の(本来ならば学長クラスが出迎えなければ失礼になると思われる)招待客が,思いがけなくも(招待してもまず欠席と思われていたのだが)来学し,「あまり時間はとれないのだが,見せてもらおう」と受付で言っている場合

(10) 大学祭終了後,開催に協力してくれた企業に大盛況であったことを報告し,次年度のことも含めてお礼を言いたい場合

1.7 接遇・状況対応

　財務部に勤務する佐藤洋子は，今日も部を訪れる客の対応で忙しい。財務部は二階にあり，今も伊藤係長を訪ねてきた三人の客を三階応接室に案内して，お茶を出そうと戻ってきたところである。すると，また，北川部長に会いたいと他の客が入室してきた。部長は課長たちと打ち合わせ中であるが，打ち合わせは始まってまだ20分ほどしか経っておらず，いつものとおりだとあと30分強はかかりそうである。来客は会社の取引銀行である三共銀行の支店長で，転勤の挨拶ということである。面会予約を尋ねたところ，「ただ，ご挨拶をと思いましたので……」という返答が返ってきた。そこで部長は会議中であることを告げると，「では，挨拶に伺ったことだけお伝え下さい」と帰ろうとするので，佐藤はあわてて支店長を引き留め，近くにいた金山主任に部長の代わりに挨拶を受けてほしいと頼んだところ，部長に連絡するように言われた。そこで佐藤は打ち合わせをしている同じ階の会議室まで部長に指示を仰ぐべく部屋を出て，廊下を急ぎ足で歩いていたら，見知らぬ杖をついた老人に声をかけられた。無視するわけにもいかず，足を止めると，彼は10年前までこの会社に勤務していた元社員で，久しぶりに会社に足を運んだら社内は様変わりしており，人事部はどこかと訪ねられた。佐藤は急いでいるので，一緒についていってあげるわけにはいかないとその老人にことわり，人事部の階を告げ別れた。

　部長に口頭にて来客の旨を知らせ，指示を仰ぐと，支店長に会うとの返事が返ってきた。応接室でちょっと待たせておくようにとの指示のもと，会議室を出て，部屋に戻ると，伊藤係長が「誰かお茶を」と三階の応接室から内線電話をしてきていた。応接室は五つあるので空いている部屋に案内しようとしたが，三階にある応接室は現在すべてふさがっていた。佐藤は困って，とりあえず部長席で待ってもらうこととし，部長席に案内した。部長の机の上には読みかけの書類が散乱していた。佐藤は伊藤係長の来客へのお茶も出さなければと思い，急いで応接室にお茶を出し，続いて支店長にもお茶を持っていったところ，部長はもう支店長の挨拶を受けている最中だった。佐藤はお茶を出し終え，やっと自分の席に戻った。

　この事例における問題点についてなぜ問題なのかを含めながら指摘し，対応策を検討しなさい。

○問題点

○対応策

1.8 日常処理業務

佐伯雅子は日本産業株式会社の取締役仙台支店長三田宏の下で働きはじめて3年が過ぎ，だんだん「あ・うん」の呼吸というものがつかめかけてきた時期である。

今日は3月10日(火)，支店長は午後から大切な取引先である青葉物産の石井部長と一緒に外出中である。現在午後2時40分，支店長から電話が入った。

「あさって急に出張になったよ。石井部長も一緒に東京の通産省まで出向くことになった。向こうには午後2時頃までには伺いたいので，9時半頃の新幹線をとってくれないか。石井部長のキップも一緒にとって，今日中に青葉物産のほうに届けておいてくれよ。このことは石井部長も了解済みだから。グリーンにしてくれ。帰りは彼は日帰りすると言っていたが，僕は本社に寄りたいので，ホテルの部屋も頼むよ。いつものところでいいが，ゆったりとくつろぎたいからツインの部屋を予約してくれないか。帰りはつぎの日の5時頃には仙台に着くように。

確か金曜は6時から佐山社長の接待だったよな。前日にでも料亭へ確認の電話を入れといてくれ。おみやげはキミに任せるから5,000円位のものを買って当日持ってきてくれないかな。そうそう，この間たまたまゴルフ場で女将に会ったら，元気なかったなあ。佃煮が好物だと以前言っていたのを聞いたことがあるから，日頃のお礼に買っていってやるか……。石井部長にキップを届ける際，青葉物産との契約書類を一緒に届けてくれないか。確か，袋に入れてボクの机の中に入っているはずだから。そのまま持っていってくれ。石井部長の秘書に渡してくれればいいから。後はそのまま帰ってもいいよ。僕も今日はもしかしたらもう，社のほうには戻れないかもしれないので，佐藤課長に，今日の夕方の打ち合わせの件は明日の朝にするからと伝えてくれ。じゃ，よろしく頼むよ。」

佐伯はどのように対応すべきか下記について検討しなさい。

(1) 電話の支店長への復唱事項

------

(2) 電話の支店長への確認事項

------

(3) 電話後の佐伯の行動手順について考えなさい。

(4) 旅行代理店に電話しなさい。

(5) ホテルに電話して予約しなさい。

(6) 料亭へ確認の電話を入れなさい。

(7) おみやげはどのようなものが良いと思うか考えなさい。

(8) 佐藤課長に支店長からの伝言を伝えなさい。

(9) 青葉物産に書類とキップを届ける際の言い方を考えなさい。

(10) 翌日，支店長に報告しなさい。

1.9 スケジューリング

　若葉物産株式会社に勤務する佐藤美香の仕事の一つに，社長である田辺昌三のスケジュールの把握や調整がある。社長の田辺は，アポイントメントや会合などのスケジュールについて，口頭で美香に指示するのがほとんどである。

　以下は，今日（5月4日(火)）の田辺社長の話である。

「昨日の月例会議は疲れたよ。午後2時から4時の予定が，5時すぎまで延びてしまってね。次回からは，もっと時間をとらにゃいかんな。来月からのセッティング，よろしく頼むよ。水曜日，新入社員の書類をじっくり見て選考したいことがあるから，午後1時間ほど時間をとっておいてくれ。明日の午後は空いていたよな。それからその後，ちょっとやぼ用があるので，5時以降の約束は入れないでおいてくれ。そうそう，金曜は朝からゴルフだよ。お天気いいといいけどなあ。社の車はいいよ。自分の車でいくから。キミには夕方，ボクのほうから電話を入れるから。急用の場合は，いつものクラブに連絡してくれ。今日夕方，加藤君が来るそうだよ。もし私の帰りより彼の方が早かったら，待たせておいてくれ。やっこさん同窓会の打ち合わせとか何とか言ってたけど，彼に会うの久しぶりだな……。あと，今，えーと10時か……昨日から産業会館で情報機器の展示会をやっているそうなので，昼食がてら11時頃から出かけるから。昼食の用意はしなくていいよ。さっき電話で打ち合わせしたんだが，6日，10時に先日来の契約の件で，青山物産の伊東社長と，あとふたりほど来るから。そそうのないように頼むよ。どうしてもあの件は契約したいんだがな。営業部長にも同席してもらうから，その旨キミから話しておいてくれ。皆さんにはボクの部屋で会うから，時間は余裕をみて取っておいてくれ。そうだ，すっかり忘れていたけど，今度の土曜日，あの取引先の北東商事の山川専務の息子さんの結婚式だったよ。家に案内状が来たので，返事を出したあとすっかり忘れてた。確か，ホテルプランタンで午後1時半からだったと思ったなあ。もちろんボクは出席するけど，祝電打っておいてくれよ。今日，家に帰ったら，時間を確かめてみるけど，頼むよ。今週は日曜日も会合やパーティが確か入っていたよな，いやはやまいったなぁ。」

1　対人処理　ケース9　49

(1)　スケジュール表に追記しなさい。

平成○年5月3日～5月9日　　　　　　　　　　　　　　　　　　　　　　　　佐藤作成

月日(曜日) / 時刻	9　10　11　12　13　14　15　16　17　18　19　20	備　考
5／3　月	打合せ　　T氏来社　　月例会議　　B氏会食 於：赤坂・花月	
4　火	R銀行来社　　M社訪問　　同窓会 於：F大学同窓会館	
5　水	Y商事訪問　　S氏来訪	
6　木	営業会議　　役員会　　①P社接待 於：新橋・都	①専務同席
7　金	←　　　　不　　在　　　　→	宮城C・C
8　土	異業種勉強会と懇親会 於：ガーデンプレイス	勉強会 15:00～17:00 懇親会 17:00～19:00
9　日	二・六会 於：萩会館　　出版記念パーティ 於：ロイヤルホテル	

(2)　確認すべき事項をあげなさい。

(3)　指示に従って追記した結果引き起こされる問題点をあげ，解決策を考えなさい。

(4)　「そそうのないように頼むよ」という上司のことばには，佐藤に対してどのようなことを期待していると思うか，述べなさい。

(5)　社長はこのところ疲れがたまっている様子である。佐藤はスケジュール調整をする上で，どのような配慮をすることができるか。

1.10 スケジュール調整

　営業課の遠藤真澄は始業9時に主任からの電話を受けた。その電話の内容は，予期せぬ電車事故のため，会社への到着時間が未定である。ついては10時に約束のあった，取引先との打ち合わせを午後に変更してもらうようにとの指示であった。そこで遠藤は，取引先の担当者に連絡をし，打ち合わせの変更を申し出ると，午後4時なら都合がつくとの返答を得た。10時過ぎに主任が出社したのでそのことを伝えると，午後4時には他の得意先に出向くことになっており，この時間は変更できないというのである。しかし主任の今日のスケジュールにはそのことは記載されていなかった。どうしても今日中に打ち合わせをしなければならないという主任の指示により，再度取引先に電話をし，無理を言い，11時30分ということでどうにか折り合いがついたが，取引先からは遠回しに皮肉を言われてしまい，遠藤はぶぜんとした態度で主任に打ち合わせ時間を報告した。

　この事例における問題点について，なぜ問題なのかを含めながら指摘し，対応策を検討しなさい。

○問題点

○対応策

1.11 交際・接待

ビジネス社会では，ビジネスが成功した後などに，その関係者をもてなし感謝の気持ちを表わす場合がある。またその接待がさらにつぎのビジネスへつながることもある。したがって接待は，ビジネスの一部であり，細やかな配慮とホスピタリティ・マインドを忘れてはならない。

(1) あなたが関係先を接待（会食）する担当者になった場合

　1) 招待者に確認すべきことは何か

---

　2) 接待場所と打ち合わせすべきことは何か

---

　3) 社内（当日出席する人）で打ち合わせておくべきことは何か

　　を項目ごとにリストアップしなさい。

(2) 接待は，飲食・会食による接待のほか，観劇，観戦などの招待接待や紅葉狩りや花見見物などの見物接待など，さまざまな形がある。

では，招待ゴルフの場合は，どんなことを考えておくべきか。

1) 事前の注意事項と準備

----

2) 当日，開始から終了までの段取り

----

3) プレー終了後解散までの配慮

を項目ごとにリストアップしなさい。

1.12 パブリックスピーキング

　円滑な人間関係には，良好なコミュニケーションが不可欠である。話すことは，コミュニケーションをおこなうためのひとつの手段である。社会人としての話の場面は，プライベートな場面で話すおしゃべりとは異なり，パブリック（公的）な少し改まった場で，限られた時間内に，意図する内容を正しく伝えなければならない（言語表現研究会編『コミュニケーションのためのことば学』ミネルヴァ書房　1993　53～54ページ）。したがって「おしゃべり」から「社会人としての話し方」を身につける必要がある。

　人と人とがコミュニケーションをおこなう場合はすべて面接といってもよいほどであるが，就職試験にはかならず面接試験があり，筆記試験を課さない企業はあっても，面接試験を実施しないで内定をだす企業は一社もない。では，面接試験の目的は何か。どこの企業でもまず「人柄」（人間性）を判断する。その判断材料を集める必要から質問があなた自身のことに集中する。あなたが自分のことばで自分の考えを説明し，自分の知識・技能・人柄を企業のどこで生かせるのか，それをどのように理解してもらうのか，さらに自分が企業にとっていかに貢献できる人物かを企業側に納得させなければならない。その意味で面接試験は，パブリックスピーキングの一場面である。

　自分を他人に知ってもらうために，自己紹介がある。企業の面接試験の定番の質問が「自己紹介をしてください」である。あなたの性格，長所，短所，趣味，現在の関心事，希望，信条，好き嫌いなどを整理して考えておく必要がある。その一例は3.1 自分発見で学習するので，ここでは「話す・きく」の組み合わせで双方のコミュニケーションを学ぶことにする。（二人一組で実施）

(1)　「聞く」・「聴く」・「訊く」の「違い」を調べなさい。

----

(2)　「違い」の理解ができたら，二人一組になって，話し手，聞き手に分かれ，お互いにインタビューをする。その質問を書き出しなさい。
　　「テーマ」（インタビューの目的）「昨日見たテレビ番組の中で，あなたが最も関心・興味をもった番組について」
　質問（聞き手は五つだけ質問できる）

　　1)　--

　　2)　--

  3) ────────────────────────────────────

  4) ────────────────────────────────────

  5) ────────────────────────────────────

(3) 双方でインタビューを終えたら，各人で内容を整理し，話を組み立て（伝える順序），人前で話す（パブリックスピーキング）ための原稿を要約しなさい。

  1) ────────────────────────────────────

  2) ────────────────────────────────────

  3) ────────────────────────────────────

(4) 書いた文章をそのまま読んだり丸暗記したりしないで話せるよう，スピーキングの訓練をしなさい。

(5) クラス全員で評価表（無記名）に記入しながら聞き，全員のスピーチ終了後評価表を回収し集計して，一番評価の高かった項目と低かった項目を書き，話し合いをしなさい。

  高得点項目 ────────────────────────────

  問題点項目 ────────────────────────────

  評価表（別紙で発表者人数分用意）に○印

●発声（声が通ったか）	5	4	3	2	1
●話の組み立て方 （導入・要約の仕方）	5	4	3	2	1
●ことばづかい	5	4	3	2	1
●聞き手に対する配慮 （興味を感じさせたか）	5	4	3	2	1
●表情・態度・印象は	5	4	3	2	1

1.13 コミュニケーション

つぎの文章を読み，

(1) メモに要約しなさい（この文章を読んでいない人にも理解できるよう200字以内にまとめる）。

陶磁器にしろ，文字にしろ，外国から熱心に取り入れ，日本流に完成させ，発展させる。テクノロジーもしかり。だれよりも小さく，どこよりも薄いものを作ってしまう。ゴルフも上達への願いを込めて，練習場で何万円も払い，駅のプラットホームでも傘で練習する。何でもきっちり練習し，注意を払い，努力を怠らない――。日本人はほとんど一億総パーフェクショニスト（完全主義者）である。

だが，不思議なことに日本人が下手だと自覚しているにもかかわらず，練習せず，注意も払わず，努力もしないものがある。それがコミュニケーション技術だ。他の分野にはあれほど完全主義者なのに……。公人や有名人でも同じ。何年たっても状況は変わらず「いやぁ，日本人はしゃべるのが下手ですからね」と悪びれる風もない。

むろんしゃべればいいというものではない。Verbal（言語＝話の内容），Vocal（声＝話し方），Visual（ビジュアル＝非言語の部分）。三つのVが大事である。どの一つが抜けても，効果的なコミュニケーションは成立しない。そしてここが肝心なところなのだが，三つとも意識して練習すれば上達が可能なのである。

経営トップが映し出す会社のイメージ，メディアへの対応，情報開示への姿勢，危機が発生した時の対処……。これらが売上げや株価に直結するのはエクソンのタンカー座礁事故，TWA機の墜落事件をはじめ，多くのケースで実証済み。従って米国では企業のトップ，広報担当者らは軒並みコミュニケーションの訓練を受けている。

内容は分野別に用意されている。メディアにいかに接するかのメディア・トレーニング，効果的に話すプレゼンテーション・トレーニング，危機がぼっ発した際，だれが，いつ，だれに，どのような情報を提供するかを訓練する危機コミュニケーション・トレーニング。どれも経営そのものを左右する技術として高い地位を与えられている。

意思を伝達しようとすることで，はっきりものが見えてくる。結局は腹をくくるということになるのだろう。その結果，きちんとした方針が見えてくる。あるいは逆に方針がないことに気づくのである。方針，戦略，施策がはっきりしていなければ，何を言っているのか分からない，声にも自信がない，みかけもパッとしないで，三つのVはすべて落第となる。

米国人はコミュニケーション上手とは言わないが，少なくともコミュニケーションがまずいと不利だとは感じている。個人間の競争が激しく，多民族で意見を戦わせ，その多民族を分裂させることなく引っ張るリーダーシップが問われる米国。そこでは自分の主張を説得力をもって提示し，競争相手より魅力的に表現し，論理的に話すことは小学校からたたき込まれる基本である。

引込み思案にならず，トレーニングを受けてはどうだろうか。ビデオで自分の話し方や動作を見ることを勧めたい。いくつかの顔の表情もつくってほしい。魅力あるコミュニケーターに

変身すれば，会社の株も家庭での株も上がろうというものである。

（「フォスター大原敬子」（グローバリンク）『日本経済新聞』1999年9月20日付）

(2) 口頭（3分以内）で隣席の人に報告しなさい（メモにまとめそれを見ながらでもよい）。

(3) 報告内容が聞き手に理解できたかを問い，もし意味不明の個所があったならば指摘してもらい，その件について補足しなさい。

1.14　仕事と人間関係

職場は上司，同僚，後輩を含めて，年齢や経験，考え方や性格，能力，知識，性別など，それぞれに異なった人たちの集まりである。さらにその日の健康状態や感情なども人によってバラバラである。したがって人間関係には，いろいろなケースがあり，しかも自分と気の合った人だけと付き合うなどというわけにはいかない。好ましい人間関係をつくっていくためには，どのような接し方をしたらよいかを考えなさい。

すでに社会人であるあなたの四人の友人が，人間関係に悩んで相談に来ました。
あなたの見解を述べなさい。

(1)　相談内容

一人で本の企画から発刊までの仕事を任されています。上司は「好きにしていいよ」「やりたいものを作りなさい」と言いますが，経験の足りない私は，ほったらかされているようで不安です。「理解ある上司でいいわね」と，友達はうらやみます。不満を感じる私は，ヘンなのでしょうか。
　　　　　　　　　　　　　　　　　　　　　　　（『朝日新聞』1999年4月14日付）

---

(2)　相談内容

営業先の担当者に，度々食事に誘われます。「たまには仕事を離れて夕食でも…」などとプライベートなつき合いをほのめかされることもあります。仕事のことを考えるとむげにも断れないし，我慢をしてつき合えば，セクハラになるのは目に見えている。どうしたらいいのでしょう。
　　　　　　　　　　　　　　　　　　　　　　　（『朝日新聞』1999年5月5日付）

---

(3) 相談内容

　この春，昇進し，初めて部下ができました。いろいろ指導しなければならないのですが，目下の人への接し方が分からず，とまどってしまいます。以前，女性の上司がいたのですが，高圧的な態度で部下に接していたので，ああはなりたくないと思ってしまいます。頼りになる，いい上司になりたいのですが…。　　　（『朝日新聞』1999年4月7日付）

---

(4) 相談内容

　女性が多いチームにいます。会議の席でただ一人の男性に「若い男がいると会議が楽しい」と言ったり，「男のくせに，しっかりしてよ」などと言ったりしてしまいます。あまり意識はしていなかったのですが，先日「それはセクハラですよ」と指摘され，悪気がなかっただけにショックでした。これもセクハラになるのでしょうか。

　　　　　　　　　　　　　　　　　　　　　　　　（『朝日新聞』1999年5月12日付）

---

(5) 私の体験事例
　過去に人間関係をこじらせてしまった事例とその解決方法

2 情報管理

2.1 ホスピタリィ・マインド

　外資系企業に勤務する佐藤太郎は，ある日上司から「シカゴ本社の営業部長が家族（夫人と中学2年生の娘）と共に来日し，10ヵ月間滞在することになった」といわれた。佐藤は，部長の赴任期間中の世話を任された。

　あなたの学校を赴任地として，何を下調べし，どこに案内したり斡旋すればよいか，項目ごとに，具体的に記入しなさい。

(1) 住居（当社に社宅はない）は

----

(2) 交通機関（社有車貸与は不可）は

----

(3) 日常の買い物は

----

(4) 銀行，保険，税金は

----

(5) 郵便事情と届けは

----

(6) 電気，ガス，水道，電話の手続きは

----

(7) 緊急時の医療施設

----

(8) 事故（泥棒，空き巣ほか）の場合は

----

(9) 学校は

----

(10) 社交（仕事以外の人や地域住民とのふれ合いを望んだ場合）は

----

(11) その地域の日本文化紹介は

----

(12) 赴任の挨拶状は

----

(13) その他冠婚葬祭関連の情報は

2.2 交際・贈答

つぎのような場合に，贈る側の気持ちが十分に伝わるよう適切な品物を選びなさい。

(1) 日頃，お世話になっているあなたの直属の上司へ，お礼と感謝の気持ちを込めて歳暮を贈る場合（上司は40代独身）

---

(2) 取引先の親しくしている担当者の子弟が大学に合格したので，個人的に祝いの品を贈りたい場合（予算は5000円）

---

(3) 定年で退職する人へ記念品を贈る場合（永年勤続の功をたたえ，所属部の退職パーティ席上で贈呈：予算は5万円）。

---

(4) 職務中の事故で入院している同僚（50代）に，見舞金を届ける際，現金だけではなく「台を付ける」のが丁寧な贈り方である。その場合，現金以外にどのような品物を選べばよいか。

---

(5) 得意先の工場が水害で大きな被害を受けた。見舞品よりも現金が喜ばれることも多いが，品物であれば何が適当か。

---

(6) 病気見舞いに花を贈る場合の注意事項を箇条書きで10述べなさい。

1 ＿＿＿＿＿＿＿＿＿＿＿＿＿＿＿＿＿＿＿＿＿＿＿＿＿＿＿＿＿＿＿＿＿＿
2 ＿＿＿＿＿＿＿＿＿＿＿＿＿＿＿＿＿＿＿＿＿＿＿＿＿＿＿＿＿＿＿＿＿＿
3 ＿＿＿＿＿＿＿＿＿＿＿＿＿＿＿＿＿＿＿＿＿＿＿＿＿＿＿＿＿＿＿＿＿＿
4 ＿＿＿＿＿＿＿＿＿＿＿＿＿＿＿＿＿＿＿＿＿＿＿＿＿＿＿＿＿＿＿＿＿＿
5 ＿＿＿＿＿＿＿＿＿＿＿＿＿＿＿＿＿＿＿＿＿＿＿＿＿＿＿＿＿＿＿＿＿＿
6 ＿＿＿＿＿＿＿＿＿＿＿＿＿＿＿＿＿＿＿＿＿＿＿＿＿＿＿＿＿＿＿＿＿＿
7 ＿＿＿＿＿＿＿＿＿＿＿＿＿＿＿＿＿＿＿＿＿＿＿＿＿＿＿＿＿＿＿＿＿＿
8 ＿＿＿＿＿＿＿＿＿＿＿＿＿＿＿＿＿＿＿＿＿＿＿＿＿＿＿＿＿＿＿＿＿＿
9 ＿＿＿＿＿＿＿＿＿＿＿＿＿＿＿＿＿＿＿＿＿＿＿＿＿＿＿＿＿＿＿＿＿＿
10 ＿＿＿＿＿＿＿＿＿＿＿＿＿＿＿＿＿＿＿＿＿＿＿＿＿＿＿＿＿＿＿＿＿

(7) 総務部で作成した贈答リストに手落ちがあって，取引先へ贈る中元の時期を逃がしてしまった。その場合の「上書き」は何とすればよいか。また，品物を選びなさい。

＿＿

＿＿

(8) 中元や歳暮をデパートや業者から配達することが多いが，その場合は挨拶状を添えて贈るほうが，心がこもっている。歳暮の挨拶状（日頃の感謝の気持ち）をハガキ大に書きなさい。

(9) 今秋，上司は「還暦」を迎える。部下五人が祝福の品を贈ることになったが，どのようなものを選べばよいか。

2.3 ビジネス社会の視点

つぎは，ある外資系の資産運用会社が，投資診断のため日本の企業を訪問する際の「注意事項」をまとめたものである。

なぜ(1)～(5)のような診断をするのか，グループで10分間話し合いなさい。討議終了後，各グループ代表は，話し合った(1)～(5)の理由を発表しなさい。

(1) 社長室の豪華さとその会社の成長性は反比例する

---

(2) 平凡な社長は総論を話し，優秀な社長は各論も話す

---

(3) 自分の過去の苦労話にインタビューの大半を割く社長を持つ会社の成長性は高くない

---

(4) 豪華な本社ビルを建てたときは，業績のピークか株価のピークか，その両方である

---

(5) 社員同士が役職名で呼び合う会社よりは，「さん付け」で呼び合う会社への投資の方が，もうかることが多い

2.4 他店見学

あなたの近所のデパートや専門店を訪れ，調査，分析し，「感じのよい接客」とは，どのようなものかをまとめなさい。

(1) 調査項目

1) 訪問日時　　○月○日　AM・PM ○○頃
2) 店名，売り場（扱っている商品名）
3) 場所　　　　○○県○○市
4) 対応した店員（男，女，○歳ぐらい）
5) 見学内容

・第一印象は _____

・アプローチは _____

・商品知識は _____

・接客態度は（よかった点，悪かった点を具体的に）

_____

・接客用語（ことばづかい）は _____

・その他（BGMやディスプレイなど）店内のようすは

_____

・接客以外の問題点は _____

(2) 調査結果をレポートにまとめなさい。

1) 調査を分析した私の考えと意見

_____

_____

_____

_____

_____

2) 他店見学から学んだこと

3) まとめ「感じのよい接客」とは

2.5 新聞記事の要約

以下のテーマにおける新聞記事を探し，要約しなさい。

(1) 財界四団体の動向

(2) 就職・雇用関係

(3) 職場のストレス

(4) 女性労働

(5) 冠婚葬祭・贈答情報

(6) セクシャル・ハラスメント

(7) 情報機器

(8) 教育

(9) 社会現象

(10) 居住地域におけるトピックス

テーマ ....

記 事 名 ....

　新聞紙名
（朝夕刊の別） ....

記載日付 ....

記 録 者 ....

要　　約

　　..

　　..

　　..

　　..

　　..

　　..

　　..

　　..

　　..

　　..

　　..

　　..

　　..

70　PART II　実践編

2.6　情報収集・新規取引先

　X社から取引の申し込みがあった。今まで佐々木和子が勤務する会社では，X社との取引はない。そこでX社に関する情報をできるだけ集めるよう佐々木は上司から指示された。

　どのような情報収集の手段があるか。10書きなさい。

　また，その手段からはどのような情報を入手することができるか羅列しなさい。

	情報源	得られる情報
(1)		
(2)		
(3)		
(4)		
(5)		
(6)		
(7)		
(8)		
(9)		
(10)		

2.7 情報収集・社会活動

会社などの組織に所属しながらも社会的立場から，いろいろな社会的活動をおこなっている上司も大勢いる。

では，以下の団体はどのような活動をおこなっている団体であるか，入会の条件，構成メンバーなども勘案しながら調べなさい。

(1) ロータリークラブ

------

(2) ライオンズクラブ

------

(3) ゾンタクラブ

------

(4) キワニス

------

(5) ソロプチミスト

2.8 文書作成の基本

ビジネス文書は，それが社内であれ，社外であれ頻繁に発信する場合は文書が定型化されており，変動データのみ記入すれば完成できるよう，基本的なフォーマットができている。しかし，ビジネス活動に潤滑油的な役割を果たす社交文書（祝賀，見舞，礼状，弔慰文など）に関しては，相手に信頼を得，好感をもたれるよう配慮して作成しなければならない。そこで発信者の表現力が問われてくる。

(1) 手紙特有の表現として，現代でもよく使われているビジネス文慣用語句がある。
つぎの語句の意味と，その語句の使用例文を書きなさい。

　1) おりいって

　　---

　2) ひとえに

　　---

　3) おもむき「趣」

　　　「赴き」

　　---

　4) …ほど「程」

　　---

　5) たまわり「賜り」

　　---

(2) 取引先関係で事故や災害がおこった場合，事情によっては手紙を出すだけのこともある。上司の代理で事故や災害見舞いの手紙を書く場合，気をつけなければいけないことを三つ述べなさい。

　　1) _____

　　2) _____

　　3) _____

(3) 印刷物の校正をする場合，校正用の記号を使って訂正する。つぎの校正記号の意味を書きなさい。

　　1) □□□□ _____

　　2) □□∨□ _____

　　3) いき _____

　　4) ゴ _____

　　5) □∨□□□　□□□／ _____

　　6) (□□□□⌒□□□□) _____

　　7) □・ _____

　　8) □∧□ _____

(4) つぎのことばの意味を書きなさい。

　　1) 要再校 _____

　　2) 責了 _____

　　3) ゲラ刷 _____

　　4) 上梓（じょおし） _____

2.9 文書作成 ①

山下大介が勤務する情報機器メーカーでは，取引先数百社を会員とする研究会を組織しているが，今年は大学教授を招いての講演会を開催することとなった。山下は営業部所属であるが，その研究大会開催の担当者であり，上司から講演者に依頼状を出すように指示された。

また，研究会の会員各社への開催案内状と，社内の各部への研究大会開催の通知文書作成をも同時に指示された。

(1) 山下が依頼状の草案を起草するにあたって，確認すべき事柄を列記しなさい。

(2) (1)の諸条件により依頼状を作成しなさい。

(3) 山下が開催案内状の草案を起草するにあたって，確認すべき事柄を列記しなさい。

(4) (3)の諸条件により案内状を作成しなさい。

78 PART Ⅱ 実践編

(5) 山下が社内通知文を作成するにあたって、確認すべき事柄を列記しなさい。

----

(6) (5)の諸条件により社内通知文を作成しなさい。

(7) 研究大会も盛況のうちに無事終了となった翌日，参加していたある取引先（KBS商事株式会社）の部長から，「今回の講演は大変よかったので，ぜひ当社に講演者を招いて，社員に講演してもらいたいがどうだろうか」との相談を受けた。そこで講演者に電話にて打診したところ快諾であった。今後のことは取引先と講演者間での打ち合わせとなるが，山下は昨日の講演の礼状でこの電話の件にもふれておくことにした。

礼状を作成しなさい。

80　PART II　実践編

2.10　文書作成②

　赤坂電気株式会社は本年で創業30周年を迎えるにあたり，記念祝賀会を開催することとなった。

(1)　返信ハガキ同封の案内状を作成しなさい。
　　　作成日　　　平成〇年4月25日
　　　発信者　　　代表取締役社長　猪俣恒夫
　　　祝賀会日時　平成〇年5月30日（土）午後1時～3時
　　　場所　　　　ホテルプラド　三階　鳳凰の間
　　　返信締切　　平成〇年5月25日
　〇案内状

○返信用ハガキ

　　　　　郵 便 は が き
　　　　□□□-□□□□

(2) 株式会社イトウでは記念祝賀会案内状が届いたのでさっそく出席の返事をだすこととした。上記で作成した返信ハガキに記入しなさい。

(3) 祝賀会は出席するが，大切な得意先なので，何か祝いの品と祝い状を送付することにした。祝い状を作成しなさい。

(4) 赤坂電気株式会社は祝い状と祝いの品とを受け取った。礼状を作成しなさい。

2.11 表・グラフの検討

会議の資料や商談の際に顧客（取引先）への説明をする場合など，情報を図表やグラフで一目瞭然にして伝達する場合がある．表計算ソフトでデータを集計しグラフ化することは可能でも，その内容の検討（傾向や部分的な特徴）をおこなわないと，情報の活用にはならない．また，ビジネスにおける図表やグラフは，表わしたいテーマや用途によって使い分ける必要がある．

(1) つぎのグラフは，何を表わすのに適しているか説明しなさい．

　1) 棒グラフ　　　　　　　　　　　　　　　　　　　　　　　　　　　　

　2) 線（折れ線）グラフ　　　　　　　　　　　　　　　　　　　　　　　

　3) 帯グラフ　　　　　　　　　　　　　　　　　　　　　　　　　　　　

　4) 円グラフ　　　　　　　　　　　　　　　　　　　　　　　　　　　　

(2) グラフは組み合わせて（例：棒グラフと折れ線グラフ）表わす場合もあるが，(1)以外にどのような種類のグラフがあるか述べなさい．

　1)　　　　　　　　　　　　　　　　　　　　　　　　　　　　　　　　

　2)　　　　　　　　　　　　　　　　　　　　　　　　　　　　　　　　

　3)　　　　　　　　　　　　　　　　　　　　　　　　　　　　　　　　

　4)　　　　　　　　　　　　　　　　　　　　　　　　　　　　　　　　

　5)　　　　　　　　　　　　　　　　　　　　　　　　　　　　　　　　

(3) 情報の活用には，テーマごとのグラフから事柄の背景や傾向を分析することが大切である．つぎのグラフをみると「女性管理職の比率」と「20～24歳女性の労働力に対する30～34歳女性の労働力比率」の両方とも全国第二位の県は「高知県」である．
　　表題とグラフとの組み合わせから分析を試みなさい．

2　情報管理　ケース11　85

女性管理職率と30〜34歳女性の労働力率

グラフ：
- 女性管理職の比率(%) 1998年 新国民生活指標から、上目盛り
- 20〜24歳女性の労働力に対する30〜34歳女性の労働力比率(%) 1998年 新国民生活指標から、下目盛り

都道府県（上から）：東京、高知、和歌山、沖縄、熊本、京都、秋田、佐賀、愛媛、長崎、徳島、岩手、大阪、福岡、鳥取、群馬、岡山、福島、青森、栃木、埼玉、大分、神奈川、福井、千葉、山梨、鹿児島、山口、茨城、三重、香川、奈良、長野、広島、北海道、愛知、兵庫、新潟、山形、宮城、石川、静岡、岐阜、宮崎、滋賀、島根、富山

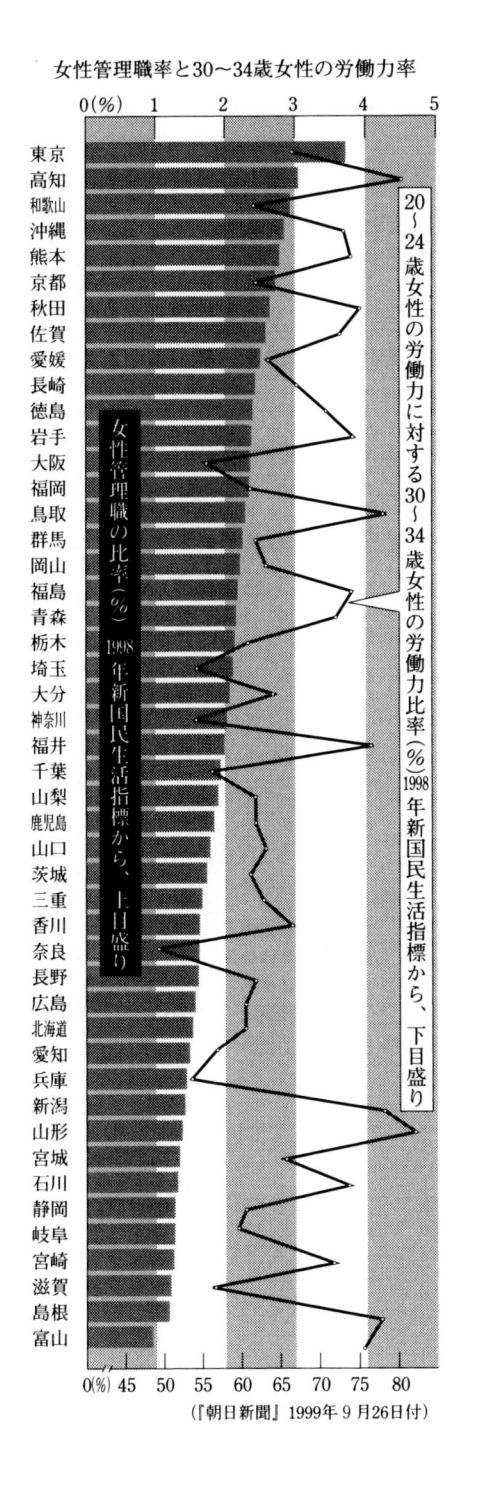

（『朝日新聞』1999年9月26日付）

1) 二つのテーマのグラフから，高知県の女性の傾向を探るとすれば，その数値はどのようなことを判断する目安になっているか。

----

2) あなたの県の女性管理職の比率から何を考えましたか。

----

3) あなたの県の女性管理職の比率と県民性や気風との関連を考えた場合，どのような背景や関係が分析できるか。

----

3 自己管理

3.1 自分発見

　ビジネスに従事する人は，自分のキャリアプランをたて，能力の伸長と未知の能力の発見をめざすとともに，自分の人格形成をしていくことが大切である。

　それは，ビジネス活動をする人にだけもとめられているわけではなく，充実した人生を歩み人間関係を円滑にするためにも必要である。自分の魅力をつくりだし，自分自身を高めていくためには，まず自分のことを解明し，理解することがその第一歩である。

　あなたの隣席の人（友人）とお互いに自己分析をしなさい。

(1) つぎのABCDに，それぞれ該当すると思われる自己特性を書きなさい。

　A　自分も他人も長所と思う（思われる）こと→「伸長」
　B　自分は長所と思っていても，他人からは短所だと思われていること
　C　自分では短所と思っているのに，他人からは長所だと思われていること→「発見」
　D　自分も他人も短所と思う（思われている）こと

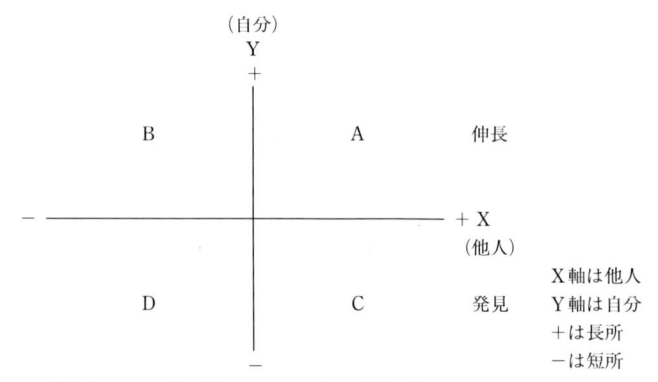

```
              (自分)
               Y
               +

      B        |    A        伸長
               |
   ────────────┼────────────+X
               |             (他人)
               |
      D        |    C        発見       X軸は他人
               −                       Y軸は自分
                                        ＋は長所
                                        −は短所
```

（学校法人　川口学園『オフィス＆秘書実務』「秘書とは何か・人間関係」1992　43ページ）

A：_____
　_____
　_____
　_____

B：_____
　_____

　　　　　　────────────────────────────
　　　　　　────────────────────────────
　　　C：────────────────────────────
　　　　　　────────────────────────────
　　　　　　────────────────────────────
　　　　　　────────────────────────────
　　　D：────────────────────────────
　　　　　　────────────────────────────
　　　　　　────────────────────────────

他人から見た自分，自分自身が理解している自分をよく分析して，自分の本当の姿と対面しなさい（参考：1955年にジョセフとハリーによって考案された「ジョハリの窓」理論）。

　本当の姿は──────────────────────────
──────────────────────────────────
──────────────────────────────────
──────────────────────────────────

(2) 自分を把握し，理解することができたなら，その分析をふまえて，パーソナリティの再構築計画（今日から1年間）を立てなさい。

──────────────────────────────────
──────────────────────────────────
──────────────────────────────────
──────────────────────────────────

3.2 労働環境

近年，企業のアウトソーシング化が進み職場環境の変化により，正社員と派遣社員が同じオフィスで働くことはめずらしい現象ではなくなってきている。あなたは大学卒業後の就職を控え，労働形態の一つである人材派遣の現状について調べることとした。

(1) 労働者派遣法について調べなさい。

(2) 実際の派遣会社（二～三社）における業務内容・労働条件などについて調べてみなさい。

(3) あなたが派遣会社で働くとする場合，どのようなことを期待するか。

(4) あなたが派遣会社で働くとする場合の問題点をあげなさい。

(5) あなたが働く場合，正社員と派遣社員のどちらがよいか，またその理由は。

3.3 新聞求人情報

　日本の企業と外資系企業との求人情報にはどのような差異，あるいは類似点がみられるであろうか。

　英字新聞による求人情報，国内全国紙による求人情報およびあなたの地方の地方紙による求人情報について比較検討し，発表しなさい。

　なお，検討する際はその検討対象を明確にすること。

（例：業種，職種，求人年齢，男女，給与など）

3.4 企業家精神

(1) あなたの趣味・特技のなかで，これは自分のセールス・ポイント（切り札）である，と思われるものを一つ書きなさい。
（例：楽器演奏，ケーキ作り，手品ほか）

------

(2) 上記の趣味やその特技を「商品化」することを考えなさい。

1) その商品のターゲットは

------

2) その商品の魅力（特徴），あるいはそのことに代金を払うメリットは

------

3) 商品化のための材料は

------

4) 商品化のための設備は

------

5) 商品化のために支援してもらえる人的ネットワークがあるか

------

6) 商品の販売の場所（公的あるいは私的）は

------

7) 商品の販売方法（訪問販売からインターネットまで）は

------

8) 商品の宣伝方法は

------

9) 宣伝のためのキャッチ・フレーズを考えなさい。

------

10) ハガキで宣伝する場合の，ダイレクト・メール用原稿をまとめなさい。

11) 代金の回収方法は

12) 以上総括して商品を販売するために必要な経費を概算しなさい。

3.5 キャリアプラン

終身雇用の形態が崩れ，自らのキャリアプランを明確にもつ自立型の社員が求められる時代となってきた。自分のキャリア形成の計画を立て，その目標に向かって努力していかなければならない。そこで，働くことについての自分の考え方と自分自身の将来に対する展望をまとめなさい。

(1) 卒業までに取得したいと考えている資格とその等級（グレード）は何か。

------

(2) 卒業までに取得したいと考えている免許とその等級（グレード）は何か。

------

(3) 大学の勉強以外に力を注いだことが何かあるか。

------

(4) あなたの知っている人物で，人生を「積極的に生きている」人を念頭におき，その「生き方」のどこがあなたに「積極的」という印象を与えているのか分析しなさい。

------

(5) 自分の将来の夢（目標）は何か。

------

(6) その夢（目標）を実現させるために，「もっとも必要と思われるもの」は何か。

------

(7) 夢（目標）に向かって前進するための対策（今から取り組んでおくべきこと）を述べなさい。

------

(8) 下記の人生局面を参考にして，あなたの将来設計の考えを年齢順にまとめなさい。

　　　局面…入社，結婚，出産，育児，転属，転勤，転職，昇進，介護など

```
         20代                    30代
     20                      30                      40
過去 ├──┼──┼──┼──┼──┼──┼──┼──┼──┼──┼──┼──┼──┼──┼──┼──┼──┼──┼──┼──→
     卒  卒
     業  業
     ・  ・
     入  入
     社  社

         40代                    50代                    60代
     40                      50                      60
     ├──┼──┼──┼──┼──┼──┼──┼──┼──┼──┼──┼──┼──┼──┼──┼──┼──┼──┼──┼──→
```

3.6 ライフデザイン

あなたの卒業後のキャリアプランを含むライフプランを設計してみなさい。

	卒業年次	25 歳	30 歳	35 歳	40 歳	45 歳
仕事	入社					
地位	社員					
年間総収入（税込）	（例 300 万）					
年間総支出	（例 200 万）					
家庭（結婚子育て介護）						
資産形成	例（預金 100 万）					
趣味娯楽	（例 テニス）					

50歳	55歳	60歳	65歳	70歳	75歳	80歳

PART II 参考文献

菊地史子編『秘書実務事例研究』学文社　1990

菊地史子編『オフィス・ケース・スタディ』学文社　1995

早稲田通信教育センター『オフィス＆秘書実務』川口学園　1992

言語表現研究会編『コミュニケーションのためのことば学』ミネルヴァ書房　1993

佐藤啓子編『プレゼンテーション』嵯峨野書院　1996

武田秀子『グループワークで学ぶオフィス実務』西文社　1999

森脇道子『ビジネス基礎』実務出版　1995

中佐古勇編『考えて学ぶ秘書学』嵯峨野書院　1993

佐々木怜子編『教育技法の研究』東京法令出版　1996

中村健壽編『秘書実務演習』建帛社　1994

島名正英　鎌田和江　大津洋子『セクレタリー・ワークブック』ぎょうせい　1992

森脇道子編『ビジネス実務』建帛社　1998

吉田寛治編『ビジネスワークの基礎』嵯峨野書院　1998

著者紹介

菊地　史子（きくち　ふみこ）
　　福島学院短期大学教授
　　聖和学園短期大学非常勤講師

浅野　浩子（あさの　ひろこ）
　　仙台白百合女子大学人間学部助教授
　　尚絅女学院大学女子短期大学部非常勤講師

福永　晶彦（ふくなが　あきひこ）
　　東海学園大学経営学部助教授

ビジネス実務事例研究

2000年4月5日　第一版第一刷発行	◎検印省略
2003年9月20日　第一版第二刷発行	

著　者　　菊　地　史　子
　　　　　浅　野　浩　子
　　　　　福　永　晶　彦

発行所　株式会社　学文社　　郵便番号　153-0064
　　　　　　　　　　　　　東京都目黒区下目黒3-6-1
発行者　田　中　千津子　　電　話　03(3715)1501(代)
　　　　　　　　　　　　　振替口座　00130-9-98842

乱丁・落丁の場合は本社でお取替します。　印刷所　㈱シナノ
定価は売上カード，表紙に表示。

ISBN4-7620-0931-8